Gestão informatizada da faturação

Printed in the United States of America

First Printing, 2015

ISBN 978-1-329-60147-5

Rosário Correia

Luanda

Angola

ÍNDICE

Introdução 4

Busca das soluções tecnológicas 5

Emissão e gestão de faturas 7

ARRANQUE DO PROGRAMA ENZO FAC 7

CONFIGURAÇÃO DO ENZO FAC 9

ÁREA DE TRABALHOS DO ENZO FAC 11

FORMULÁRIO DA FATURA 13

PREENCHIMENTO DO FORMULÁRIO DA FATURA 13

EMISSÃO DA FATURA 15

REGISTO DO PAGAMENTO DA FATURA 18

PRONTO PAGAMENTO 19

CRIAÇÃO DE FATURAS SEMELHANTES PARA DIVERSOS CLIENTES 19

ANÁLISE DA FATURAÇÃO 22

FATURAÇÃO RECORRENTE 24

GESTÃO DOS ARTIGOS DE VENDA 25

FORMULÁRIO DE CRIAÇÃO DE ARTIGOS DE VENDA 27

FORMULÁRIO DE ENTRADA DE STOCK 30

Vendas a dinheiro 34

ÁREA DE TRABALHOS DO ALINAPOS 35

FUNCIONAMENTO DO ALINAPOS 36

FORMULÁRIO DE UMA VENDA A DINHEIRO 41

Introdução

Na sequência da última crise económica mundial, o governo angolano apercebendo-se da situação de risco a que estava exposto o país decorrente do facto de as suas receitas terem uma dependência em 80% da produção do petróleo, decidiu despoletar uma reforma tributária de modo a inverter esse quadro por meio do aumento da receita tributária.

Neste processo foi criado um novo Código Geral Tributário em substituição do antigo que datava de 1969.

O novo código estabelece procedimentos modernos de liquidação e cobrança dos impostos destacando a possibilidade do contribuinte solicitar informações vinculativas à Administração Fiscal e a fixação de um prazo máximo de resposta por parte da mesma, findo o qual o contribuinte pode presumir o indeferimento da sua pretensão.

Estas exigências trazem como consequência direta para os comerciantes angolanos, a necessidade de se munirem de ferramentas informáticas modernas que lhes permitam não apenas emitir e controlar os documentos de liquidação e cobrança dos impostos de acordo com a nova legislação, como também garantir o seu arquivo eletrónico e possibilidade de localização e reprodução dessa informação sempre que necessário de forma fácil e eficiente.

Fazendo uma análise da prontidão das empresas angolanas para o cumprimento dessas diretrizes, apercebemo-nos que a grande maioria das pequenas e médias empresas comerciais e de restauração não estava preparada.

Apercebemo-nos também que em geral, o mercado estava preparado para fornecer, a custos aceitáveis, os materiais informáticos necessários como computares e periféricos diversos, mas o desafio principal residia em dois fatores a saber: 1) a garantia de infraestrutura de comunicação para assegurar a conexão entre as sedes das instituições e as várias filiais e pontos de vendas remotos, 2) a escassez de softwares de gestão de faturação apropriados.

Tendo consciência da necessidade cada vês mais premente de nós os africanos tomarmos a liderança na procura de soluções práticas para a resolução dos nossos próprios problemas e atendendo a nossa vasta experiencia na área, atrevemo-nos em encarar o desafio de preparar e apresentar uma modesta contribuição no esforço de procura de soluções para o segundo problema.

Busca das soluções tecnológicas

A nossa proposta é constituída por duas soluções informáticas, sendo a primeira virada para as pequenas e medias empresas comerciais incluindo supermercados, lojas de venda de mercadoria, materiais de construção civil etc. e é denominada EnzoFac.

A segunda solução, o AlinaPos é um sistema de gestão de pontos de venda e está destinada aos estabelecimentos de hotelaria e restauração.

Trata-se de dois aplicativos de linha de negócios desenvolvidos segundo os padrões modernos e fazendo uso de tecnologia avançada que correm como aplicativos de ambiente de trabalho alimentados por uma basse de dados empresarial centralizada em SQL Server 2012.

Os programas correm na plataforma Microsoft Dot Net 4.5 e foram desenvolvidos usando a linguagem CSharp 5 e o ambiente de desenvolvimento Visual Studio 2013 da Microsoft.

São distribuídos em forma de ficheiros executáveis, dll e vários outros ficheiros de suporte que são instalados automaticamente por meio de um programa instalador.

Apresentam uma interface de utilizador simples e consistente baseada na tecnologia WinForms que facilmente é assimilada pelo utilizador comum angolano habituado ao uso de sistemas Windows e das soluções de produtividade da família Microsoft Office.

As aplicações partilham o mesmo modelo de dados, e um conjunto de funcionalidades transversais distribuídas em componentes desenvolvidos fazendo recursos ao princípio de alta coesão e baixo acoplamento entre os mesmos, de forma a poderem ser facilmente reutilizados em outros projetos.

Dentre as funcionalidades transversais destacamos:

Criação automática e transparente da base de dados na primeira corrida do programa

Autenticação, validação e autorização dos utilizadores implementando um mecanismo próprio de controle de níveis de acesso.

Auto castramento controlado dos utilizadores.

Serviços de classificação e filtragem de dados e impressão de relatórios personalizados.

Ferramenta de business inteligence

Ambos os programas são instalados no ambiente de trabalho do computador por meio de um programa de instalação que pode ser distribuído numa Pen Drive ou disponibilizado num site de internet utilizando a tecnologia ClickOnce.

Outra opção de distribuição consiste na disponibilização da solução num servidor remote descktop.

Pode-se ainda implementar uma distribuição utilizando tecnologia de nuvem, disponibilizando-se a base de dados SqlServer por meio de uma subscrição a um serviço de PaS (Platform as Srivice) como por exemplo uma base de dados do Windows Azurre e instalando o resto do programa localmente no pc do utilizador.

Emissão e gestão de faturas

O EnzoFac é um sistema de gestão de faturação para lojas, minimercados, cantinas, boutiques, condomínios, colégios, creches, etc.

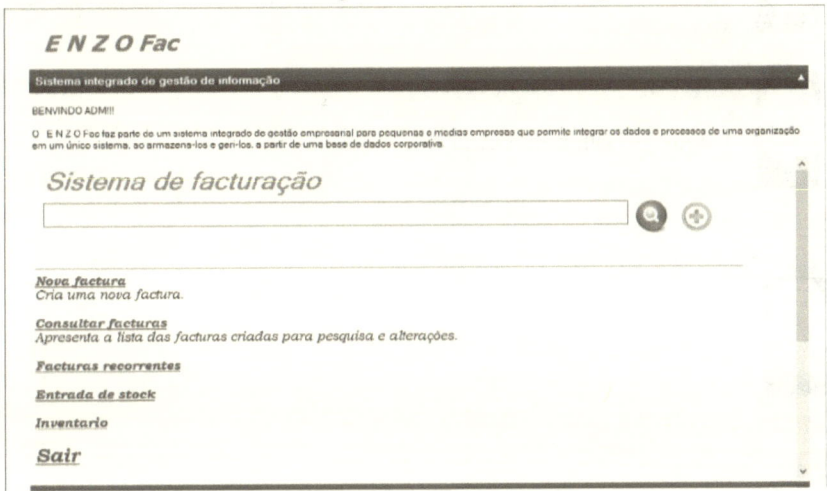

Arranque do programa Enzo Fac

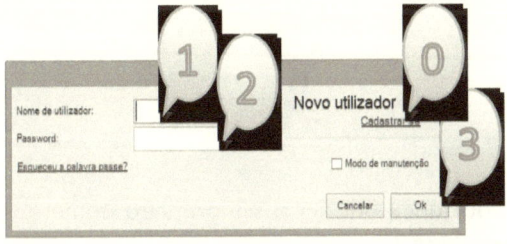

Antes de poder aceder ao programa pela primeira vez, vá a opção cadastrar-se para criar o seu nome de utilizador e a sua palavra passe

Insira o seu nome de utilizador criado no passo anterior, ou que lhe foi atribuído previamente pelo seu supervisor.

Escreva a sua palavra passe.

Clique em Ok para entrar no programa.

Criar o seu nome de utilizador e palavra passe:

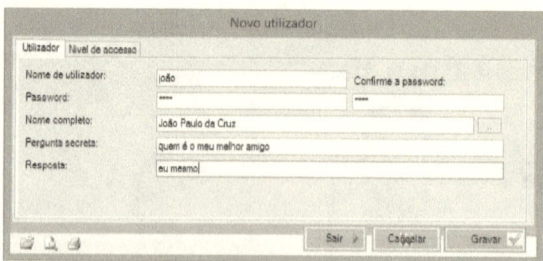

1. Escreva o seu nome de utilizador que pode ser o seu primeiro nome ou uma combinação da primeira letra do seu primeiro nome com o seu ultimo nome. Geralmente o nome de utilizador escreve-se sem espaço e todo ele com letras minúsculas.

2. Escreva a sua palavra passe (palavra secreta). Aqui usa-se geralmente uma palavra difícil de ser adivinhada pelos outros, mas fácil de ser lembrada por si. Pode usar combinações de letras minúsculas e maiúsculas e acrescentar números e pontos.

3. Repita a mesma palavra passe que escreveu de forma a garantir que conseguiu memoriza-la e que não a errará quando tentar entrar para o programa.

4. Escreva uma pergunta secreta que o programa deverá faze-lo se um dia se esquecer–se da palavra passe.

5. Escreva a resposta à sua pergunta secreta.

6. Clique em gravar para terminar.

Configuração do Enzo Fac

Configurando o programa para trabalhar com os dados da sua empresa e do seu negócio:

Na primeira vez que corre o programa, este abre um écran onde deve ser configurada a informação que o programa necessita para fazer um processamento ajustado a realidade da sua empresa.

1. Escreva a sigla da sua empresa, que é geralmente um nome curto. Ex.: ABC.

2. Escreva o nome mais detalhado Ex.: ABC—Comércio Geral e Hotelaria.

3. Escreva o NIF da empresa que é um número de 10 dígitos.

4. Escreva a morada do sitio onde funciona a empresa. Ex: Rua direta de Luanda nº 1, 1º andar Apt 1.

5. Preencha o resto da informação referente aos contactos da empresa.

Licenciamento

Pode usar o Enzo Fac de graça durante um mês.

Durante este período, ao abrir o programa, aparece-lhe o seguinte ecrã:

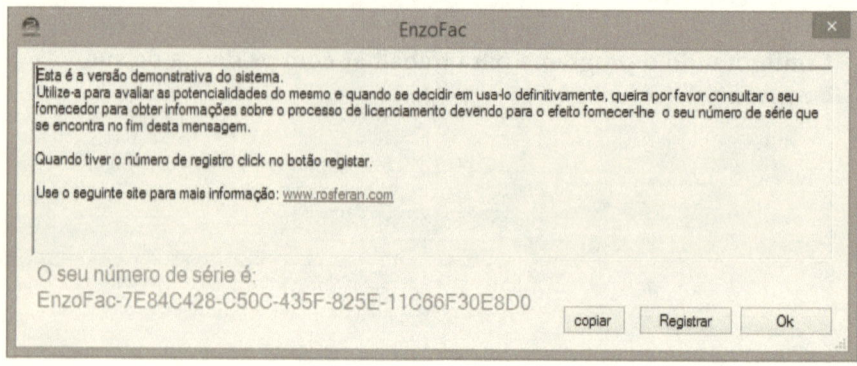

Clique em Ok para entrar para o programa enquanto estiver em período de configuração e testes do mesmo.

O programa é comercializado a um custo mensal determinado, podendo-se adquirir o numero de meses que se desejar.

Para adquiri-lo faça um depósito com o valor correspondente aos meses que pretende, para a conta 1121515 junto do BCI e envie o comprovativo acompanhado do numero de serie do programa para o endereço licenciamento@rosferan.com.

Receberá depois um código da Rosferan e as instruções sobre como proceder.

Área de trabalhos do Enzo Fac

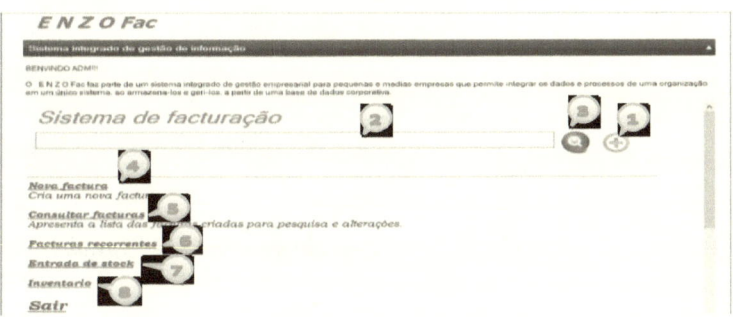

Clique nesta imagem para emitir uma nova fatura.

Abrir-se-á o formulário de emissão de faturas que será apresentado mais a diante.

Também serve para emitir uma nova fatura fazendo uma cópia de outra já existente que pode ser do

mesmo cliente ou não.

Localizar uma fatura existente

Escreva neste sitio informação sobre a fatura que pretende localizar.

Pode localizar uma fatura usando a seguinte informação:

O número da fatura . Ex.: 0005/2015

Os últimos dígitos do numero da fatura excluindo o ano

Ex.: 5

O nome do cliente

Abrir a ficha de uma fatura existente

Apos preencher o passo 2 clique nesta imagem para abrir o formulário da fatura escolhida ou uma lista com as faturas afetadas.

Nova factura
Cria uma nova factura.

Outra forma de emitr uma nova fatura ou duplicar uma existente

Consultar facturas
Apresenta a lista das facturas c

Para ver o resumo da faturação diária e outras listagens e relatórios relevantes.

Entrada de stock

Permite fazer entradas de stock e aceder à tabelas e relatórios com informação sobre o stock dos produtos em comercializados.

Inventario

Permite a qualquer momento registar o inventário dos produtos.

Formulário da fatura

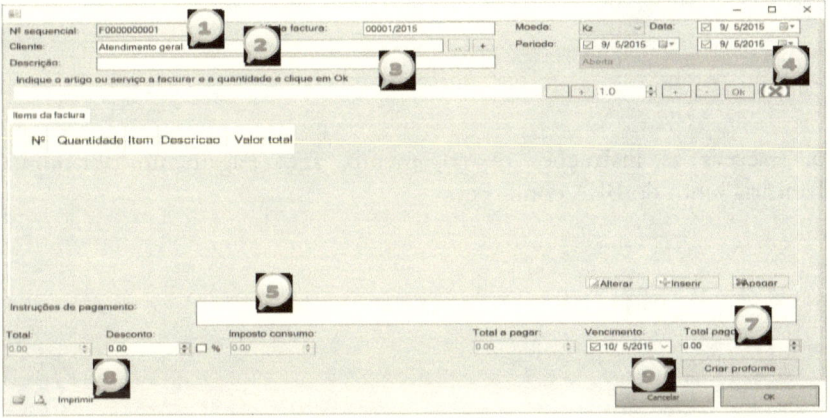

Preenchimento do formulário da fatura

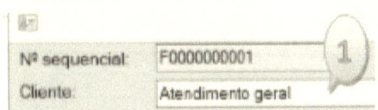

1. Escreva o nome do cliente.

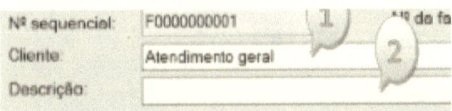

2. Escreva uma descrição para a factura

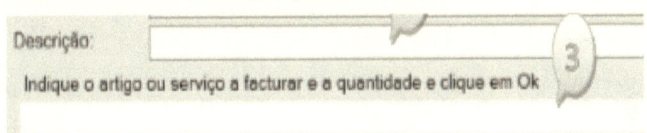

3. Escreva o nome do primeiro artigo a inserir na fatura

Repita os dois últimos passos até lançar todos os artigos da fatura.

4. Clique em Ok para lançar o artigo.

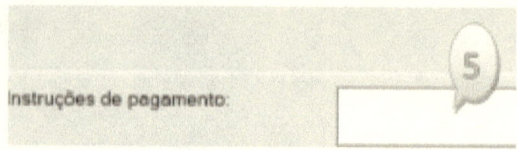

5. Escreva as instruções de pagamento. Ex.: Pagamento por conta bancária junto do BFA conta xxx.

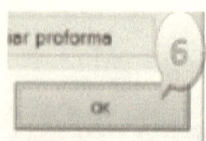

6. Clique em Ok para terminar.

É-lhe solicitado que confirme o valor da dívida e a fatura é emitida e exibida em pré visualização de impressão, permitindo-lhe analisa-la e imprimi-la ou guarda-la em formato pdf.

Caso se aplicar antes do passo 6 coloque o valor recebido para pagamento.

Imprime o documento

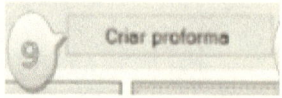

Cria uma fatura proforma (nota de preços)

Emissão da fatura

 ## *Nova factura*

1. Clicamos em ou em + alternativamente em "Nova factura"

2. Apos abrir-se o formulário da fatura. Vamos então para o campo cliente, apagamos o que lá estiver escrito e escrevemos o nome do nosso cliente, que para esse exemplo será *"Unitel"*.

3. Vamos depois ao campo descrição e escrevemos a descrição da nossa fatura que será *"Fornecimento de produtos diversos"*

4. Como o primeiro artigo que vamos vender à Unitel será uma resma de papel, vamos ao campo que está por baixo das palavras *"indique o artigo..."* e escrevemos *"Papel A4 Resma"*.

5. De seguida clique no botão [Ok] para lançarmos o artigo para a fatura. Vemos então a seguinte mensagem.

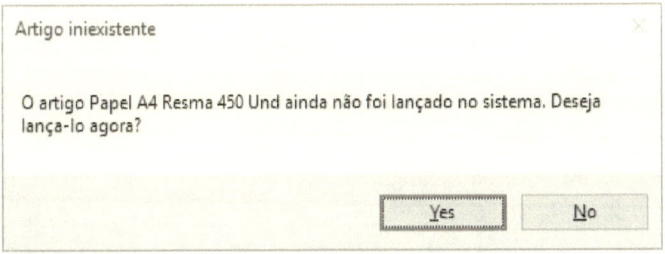

O programa está a avisar-nos que não tem na sua base de dados nenhum artigo com o nome que acabamos de escrever e pergunta se o queremos criar.

Respondemos afirmativamente, para criarmos esse produto. Abre-se então o formulário de criação de produtos pronto para criar o produto que indicamos.

Aqui, por agora, vamos apenas colocar o preço do produto:

Clique no campo preço. Ao abrir a janela de digitalização de preços digite 450 e clique Ok, ao voltar para o formulário de criação de artigos clique no botão - para que o imposto de consumo seja deduzido de forma a que p preço final seja exatamente 450Kz.

Clique depois em Ok para finalizar a criação do artigo.

Nessa altura vemos uma outra mensagem:

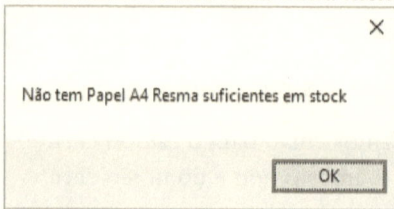

A mensagem a diz que não temos papel em stocks para vender. De facto, já criamos o produto mas ainda não indicamos quanto temos disponível para venda.

Clicamos em Ok. Responda afirmativamente a pergunta que se segue a este aviso, para lançarmos o stock do produto que queremos faturar.

Abre-se então o formulário de entrada de stock preparado para nosso produto.

Aqui vamos apenas indicar a quantidade de resmas de papel A4 que temos em stocks:

Clique no campo das quantidades que se encontra no topo do formulário, a direita da data. Na janela que se abre a seguir escreva 10 e clique em Ok.

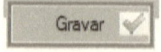

O formulário de entrada de stocks fecha-se e de voltamos à fatura. Vemos que aparece uma linha na lista de items da fatura mostrando que foi lançada uma resma de papel a 450 Kz.

6.   Voltamos a clicar em ⬚Ok⬚ e ao observando os items da fatura vemos que a quantidade aumentou par 2 e o valor total para 900Kz.

7.   Vamos agora aumentar mais um item à fatura. Para além do papel A4 vamos fornecer também uma caixa de lapiseiras. Para tal, vamos ao mesmo campo onde havíamos escrito *"Papel A4 Resma"* apagamos o qua lá está escrito e desta vez escrevemos "Lapiseira Bic"

8.   Clicamos em ⬚Ok⬚

9. Seguimos o mesmo procedimento que tivemos com o papel para criar o produto e dar entrada de stocks. Para as lapiseiras vamos dar um preço de 10Kz e 20 entradas de stock.

Nessa altura o nosso formulário terá o aspeto da figura que se segue.

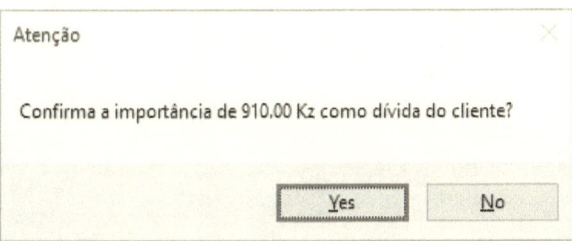

Imprimir

10. Clicamos agora em na parte inferior esquerda do ecrã.

11. Respondemos afirmativamente a pergunta de confirmação do valor da dívida a ser contraída pelo cliente.

Atenção

Confirma a importância de 910.00 Kz como dívida do cliente?

[Yes]   [No]

---

12. Abre-se uma janela mostrando uma previsualização da impressão.

13. Clique em 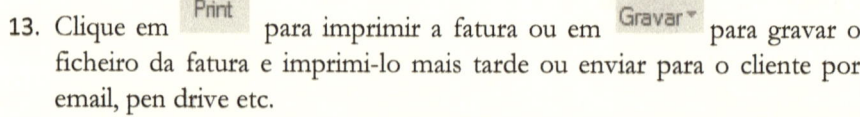 para imprimir a fatura ou em para gravar o ficheiro da fatura e imprimi-lo mais tarde ou enviar para o cliente por email, pen drive etc.

14. Quando terminar clique em

Registo do pagamento da fatura

1. Na janela principal do programa escrevemos os últimos dígitos número da fatura sem incluir o ano. Neste caso *"1"*:

Sistema de facturação

1|

2. Clicamos em para abrir a fatura.

3. Clicamos no botão que se encontra na parte inferior direita do formulário da fatura, acima do botão Ok.

4. Clicamos em na janela que se abre de seguida.

Pronto pagamento

Em muitas situações precisamos de fazer uma venda em que o cliente faz um pronto pagamento e não nos interessa criar uma ficha de registo do cliente.

Neste caso procedemos como no exemplo anterior até ao passo 9 e logo de seguida preencha o campo total pago

Total pago:
0.00

Criação de faturas semelhantes para diversos clientes

Neste novo exemplo vamos emitir faturas para cobrança de despesas de condomínio.

1. Clicamos em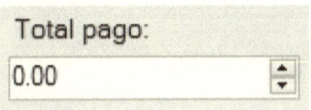

2. Seguimos os passos do exemplo anterior até termos o formulário da fatura preenchido como se segue:

- Cliente: Escrevemos no nome do morador: *"Pedro António"*

- Período: *01/10/2015 a 31/10/2015*

- Descrição: *"Pagamento de despesas de condomínio referentes ao mês de Outubro de 2015"*

- Artigo ou serviço: *"Despesas de condomínio T3"*

  - Clique em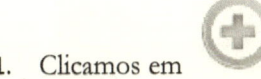

  - Responda afirmativamente para criar o produto

  - Dê um preço de 30 000Kz

- Retire o imposto de consumo 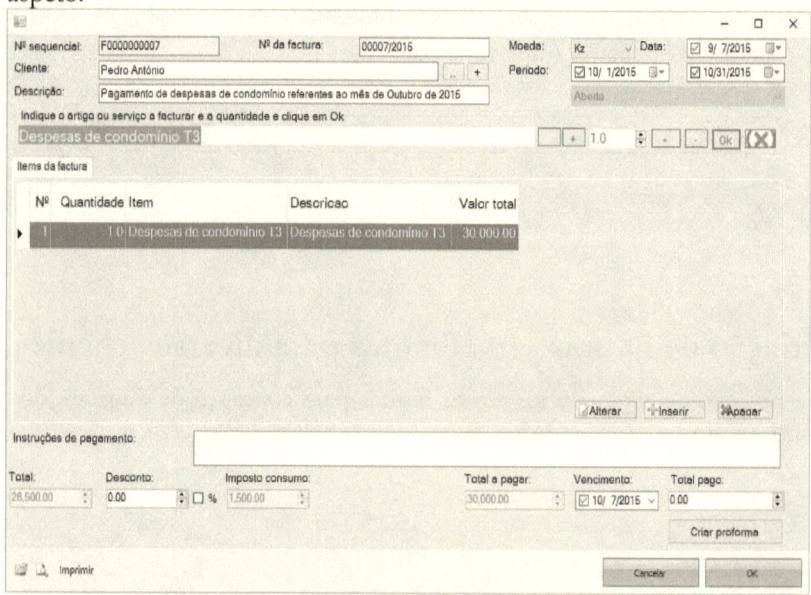 Controlar Stock
- Desative o controle de stocks ()

- Clique em Ok para gravar

Nesta altura o seu formulário deverá ter mais ou menos o seguinte aspeto:

Nº da factura: `00007/2015`

3. Tomamos nota do nº dessa fatura. No meu caso é a nº 7.

4. Clicamos em Ok

5. Completamos os dados do cliente quando solicitados

6. Aceitamos o valor indicado como divida do cliente

Para criar a fatura para o próximo morador que também vive no T3, não temos que necessariamente passar por todo o mesmo trabalho uma vez que as faturas são exatamente iguais mudando apenas o nome do morador.

O que posso fazer é emitir uma cópia da fatura anterior e alterar o nome do cliente.

Para tal:

1. Inserimos o numero da fatura que queremos copiar no campo de procuras do ecrã principal

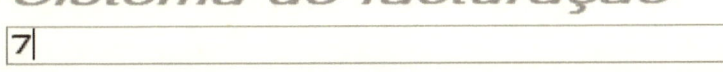

2. Clicamos em

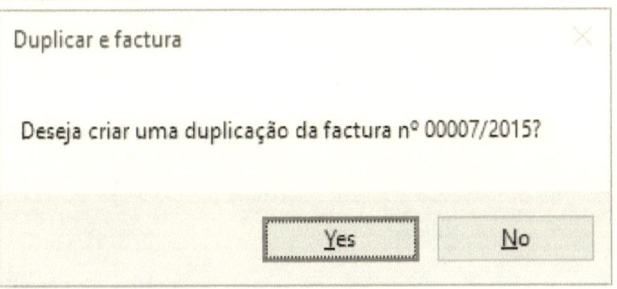

3. Respondemos afirmativamente à pergunta

4. Alteramos o nome do cliente

5. Clicamos em Ok

6. Preenchemos os dados do cliente e clicamos em Ok

7. Aceitamos a dívida.

8. Repetimos este processo para criar as faturas dos demais moradores.

Análise da faturação

Ao final do dia, ou em qualquer outo momento pode ser necessário conhecer qual foi o volume da faturação do dia, do mês ou de determinado período.

Podemos também quere saber qual é a divida de determinado cliente, quais são as faturas pagas nesse dia, que faturas se encontram abertas a espera de serem concluídas etc.

Consultar facturas

Para tudo isso vamos a opção a partir do ecrã principal do programa.

Abre-se uma janela que nos permite filtrar o conjunto de documentos que queremos analisar:

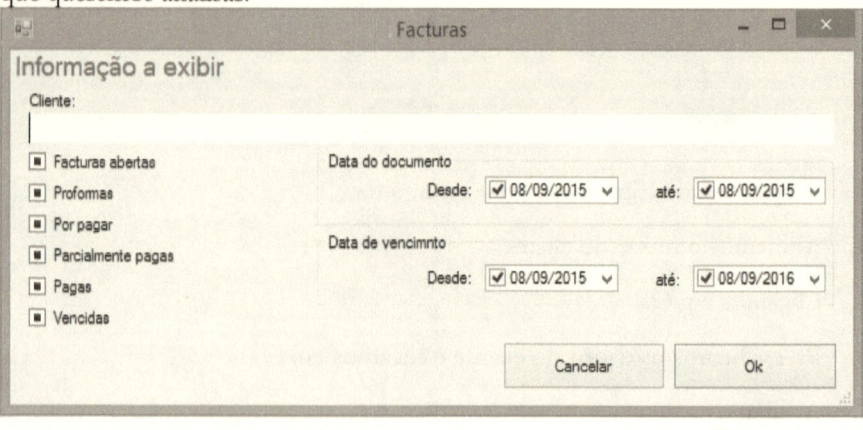

Podemos escrever o nome de um cliente para analisar apenas as suas faturas:

Podemos estreitar ou alargar o período de analise usando a data da fatura:

Podemos ainda filtrar as faturas sua situação.

Por exemplo se quisermos ver tanto as fátuas abertas como as que já não

estão abertas deixamos a correspondente caixinha no seguinte estado:

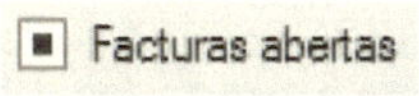

☑ Facturas abertas

Se quisermos ver apenas as faturas que não estão abertas clicamos na

caixinha para ela ter o seguinte aspeto: ☐ Facturas abertas

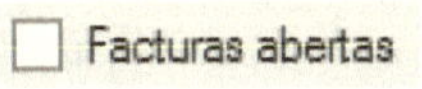

Se quisermos apenas as fatura abertas voltamos a clicar na caixinha:

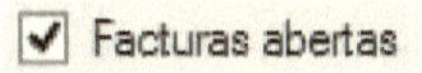

☑ Facturas abertas

Quando terminamos clicamos em Ok. Por predefinição são exibidos
todos os documentos do dia.

Faturação recorrente

Para os casos de colégios, universidades condomínios, alugueres de imóveis etc., é necessário emitir-se e a mesma fatura em cada mês ou período definido.

Neste caso usamos a funcionalidade ***Faturação recorrente*** a partir do ecrã principal do programa.

Aparece-nos uma janela que nos permite fazer uma filtragem inicial das faturas que pretendemos reemitir, sugerindo todas as faturas do mês anterior, caso estivermos no inicio do mês, ou, caso contrário todas as faturas do mês em curso.

Clicamos em Ok para aceitarmos a sugestão.

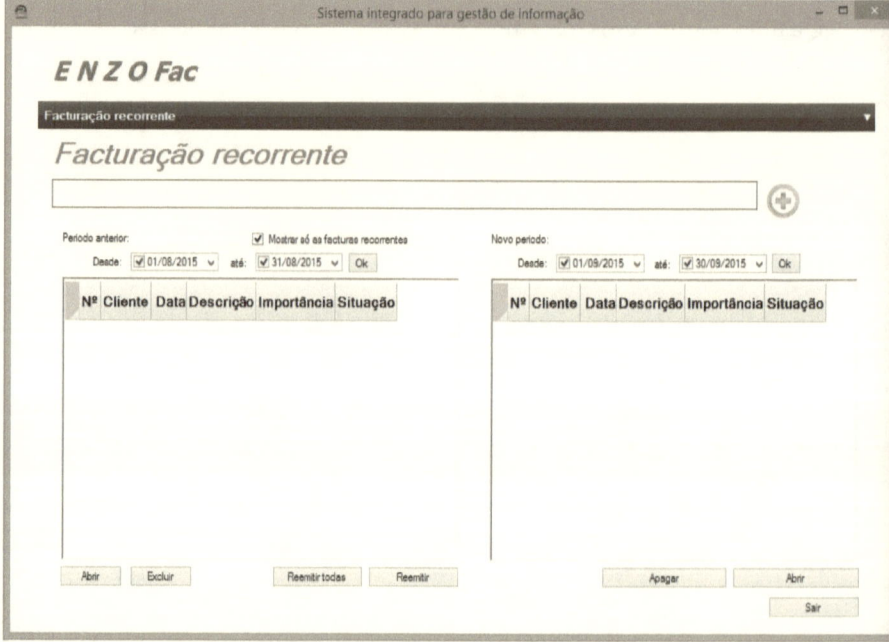

No lado esquerdo temos a lista das faturas que já foram emitidas para o período selecionado que podem ser reemitidas para o novo período.

Do lado direito temos o conjunto de faturas que foram remitidas no novo período.

Podemos escolher as faturas manualmente, uma a uma, escrevendo o seu

número no espaço de procura e depois clicando em

Podemos clicar em  e desativar a caixinha para mostrar todas as faturas que foram emitidas para esse período, independentemente de já terem sido resultado da reemissão de outras ou não.

A principio o programa exibe apenas as faturas recorrentes.

O programa identifica como faturas recorrentes as que foram produzidas mediante um processo de reemissão.

Podemos escolher um outro período para seleção das faturas que queremos reemitir:

Desde: ☑ 01/08/2015 ∨   até: ☑ 31/08/2015 ∨   Ok

Podemos reemitir todas as faturas selecionadas de uma só vez:

Reemitir todas

Ou podemos reemitir uma fatura de cada vez, analisando-as e retificando os seus dados antes de gravar:

Reemitir

Gestão dos artigos de venda

Para criarmos novos artigos de vendas, consultarmos os que existem, imprimir listas de preços, etiquetas dos artigos com o código de barras etc. vamos para a opção. *Gerir os artigos*
Surge o seguinte ecrã:

Artigo:

⦿ **Base de dados dos artigos e serviços**

○ **Lista geral de preços**

○ **Etiquetas de preços**

Cancelar	Ok

Podemos escrever o nome de um artigo ou o seu código em

Artigo:

para abrirmos a sua ficha e alterar ou consultar os seu dados.

Podemos escrever parte do nome do artigo para abrir a lista dos artigos com nomes semelhantes.

Podemos escrever o nome de um grupo ou categoria para consultar apenas a sua lista

Formulário de criação de artigos de venda

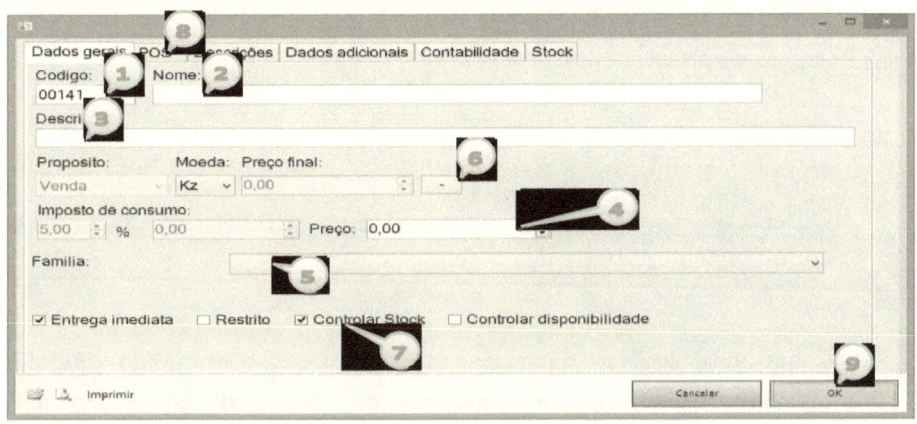

Se o produto tiver código de barras apague o número dado pelo sistema e insira-o aqui. Pode usas o scâner de códigos de barras.

Escreva o nome do produto. Ex: Coca cola em lata 330ml

Escreva a descrição do produto. Pode ser igual ao nome ou pode acrescentar mais informação.

Atribua um preço de venda ao produto.

Escolha a família do produto de acordo com a sua classificação tributária.

Observe o preço final do produto apos ter-lhe sido aplicado o correspondente imposto de consumo.

Clique no botão 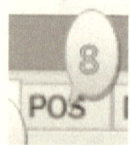 para deduzir o imposto de consumo do valor que indicou no passo 4 de forma a que o preço final seja exatamente o que pretende

.

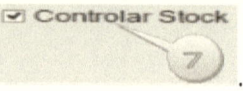

Indique se este artigo vai ter gestão de stock .

Complete o resto da informação relevante ao uso do produto num sistema de ponto de vendas:

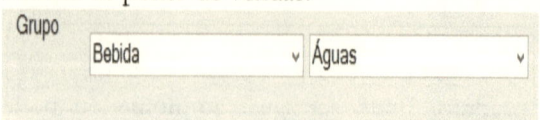

1. Indique o grupo ou categoria a que o produto pertence. Ex.: Bebidas

2. Indique o subgrupo ou subcategoria . Ex.: Refrigerantes

3. Escolha uma imagem para o produto.

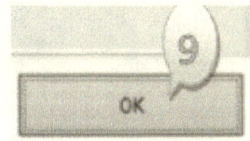

Formulário de entrada de stock

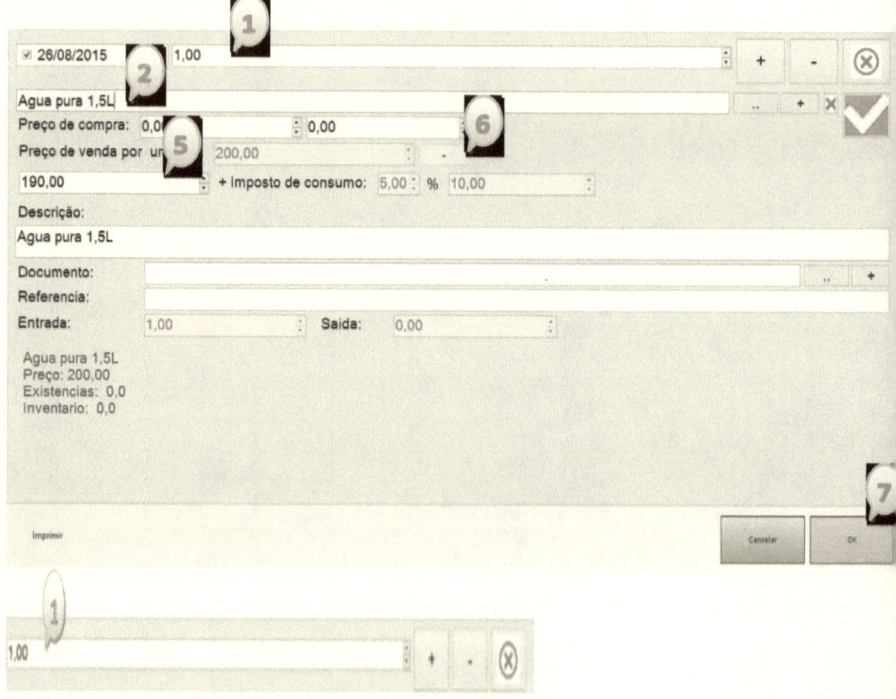

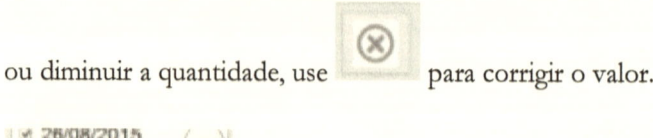

Indique a quantidade de artigos a dar entrada:

Clique na caixa de texto para abrir uma janela onde poderá digitar os números, use os botões para aumentar

ou diminuir a quantidade, use para corrigir o valor.

Escreva o nome ou o código do artigo que pretende dar entrada.

A medida que for escrevendo, pode usar as teclas de movimento do cursor para cima e para baixo, para navegar pelos produtos.

Pode escrever parte do nome de um produto e clicar em

para abrir a lista dos produtos que começam com as
letras que escreveu e daí escolher o que lhe interessa.

Se se enganar pode clicar em ✕ para apagar e volte a escrever de novo.

Clique aqui para confirmar o produto escolhido. A informação sobre o produto é então exibida. Se o produto ainda não estiver criado no sistema é-lhe dada a oportunidade de o criar.

Confirme se o preço final está correto.

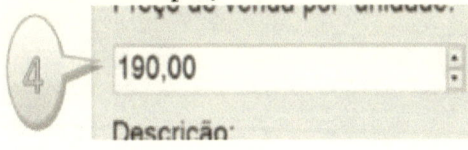

Se for necessário pode alterar o preço de venda aqui.

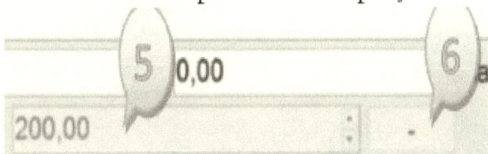

No caso de alterar o preço verifique o preço final e clique no bo-

tão ___ para deduzir o imposto de consumo do seu valor

Clique em Ok para finalizar o lançamento.

O formulário volta a abrir-se pronto para uma nova entrada de stocks, exibindo na parte inferior esquerda a confirmação da entrada realizada.

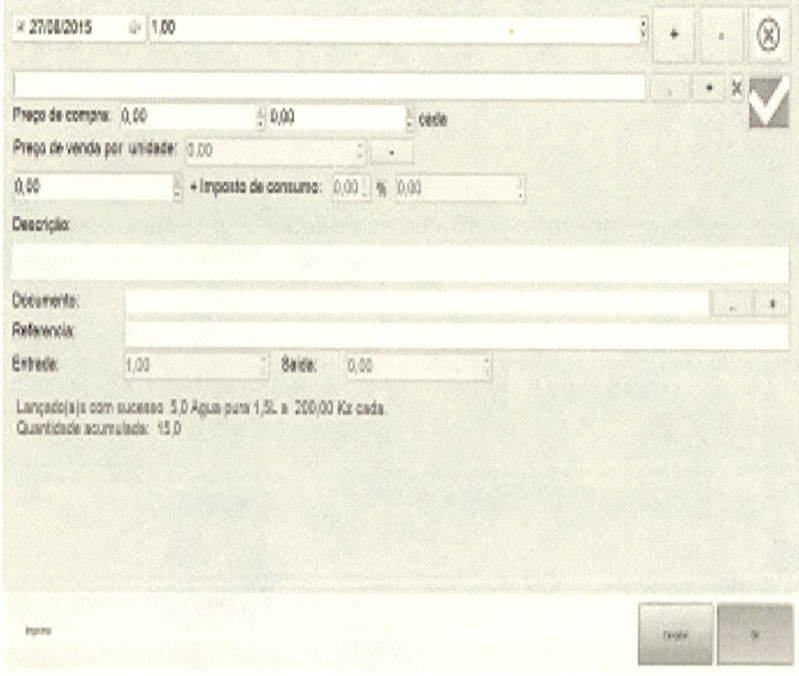

Lançado(a)s com sucesso 5,0 Agua pura 1,5L a 200,00 Kz cada.
Quantidade acumulada: 15,0

Volte a repetir o processo para os restantes artigos.

Quando terminar clique em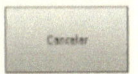

Vendas a dinheiro

Nem sempre o processo de compra e venda de serviços e mercadorias segue o senário até aqui abordado no qual é emitida uma fatura que vincula as duas partes no compromisso de realização do negócio, e o processo é realizado a posteriori mediante o cumprimento da obrigação com a prova de pagamento, entrega da mercadoria e emissão de um recibo de comprovação.

Em muitos senários a transação é feita de forma imediata realizando-se uma troca direta de mercadoria por dinheiro e é emitido um recibo de comprovação.

O AlinaPOS é a solução tecnológica para esse segundo senário.

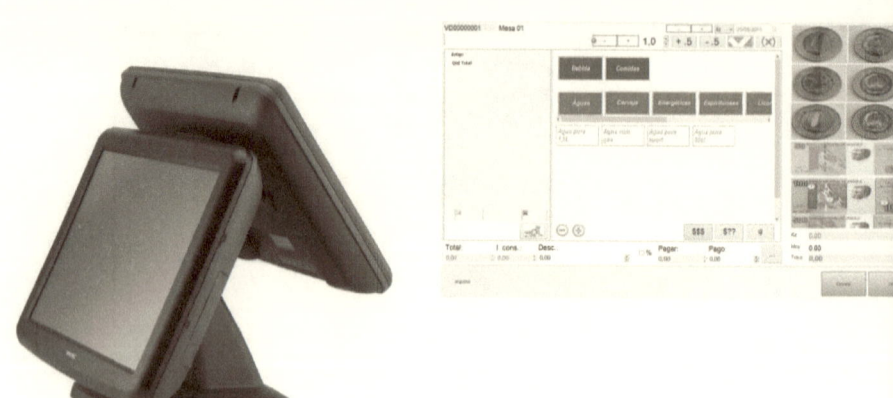

Sistema de ponto de vendas para caixas d e l o j a s, m i n i m e r c a d o s, restaurantes, bares, pubs etc.

Área de trabalhos do AlinaPOS

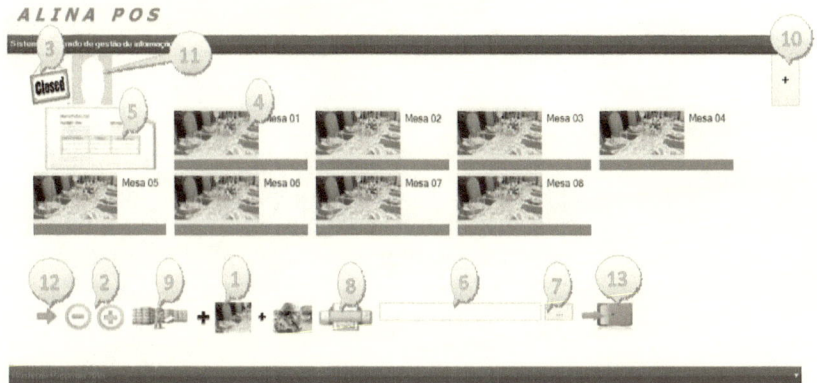

Funcionamento do AlinaPOS

Criar as mesas do restaurante

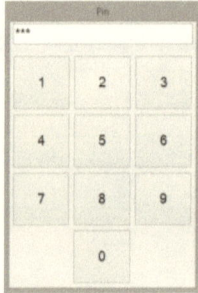

Clique nesta imagem para criar uma mesa e repita a operação para as demais mesas dando os seguintes passos:

1. Insira o seu pin

2. Clique em Sim para criar a mesa

Repita a operação para as restantes mesas.

Arrumar a disposição das mesas

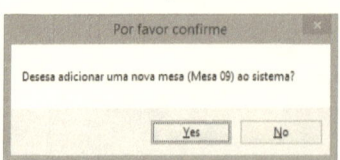

Clique nestas imagens para reduzir ou aumentar o tamanho das mesas de forma a ter a disposição que melhor se adapta ao seu estilo de trabalho

Abrir o caixa

Antes de poder efetuar qualquer venda é necessário clicar nessa imagem para abrir o caixa e seguir o procedimento que passamos a descrever:

1. Insira o seu pin.

2. Indique o valor que será usado como fundo de maneio durante esta sessão do caixa.

3. Recolha o talão de confirmação da abertura e guarde-o no local indicado pelo seu supervisor.

4. Insira o valor na gaveta e feche-a. (A gaveta é aberta automaticamente assim que se inicia o processo de abertura do caixa).

Atender uma mesa

Clique na imagem da mesa que pretende atender.

Atender a um pedido no balcão

Clique nessa imagem para abrir uma venda a dinheiro não acosseada a nenhuma mesa como por exemplo um atendimento ao balcão

Atendimento rápido

Escreva o nome ou código do produto que pretende vender e de seguida clique no botão [....]. Pode alternativamente passar o scanner de código de barras com o artigo desejado.

Clique no botão sem escrever nada para consultar toda a lista de artigo e escolher um. Escreva o inicio do nome para filtrar a lista.

Impressões rápidas

Clique na imagem da impressora para imprimir rapidamente uma imagem d todas as mesas que estiverem abertas.

Escreva o numero de uma mesa antes de clicar na impressora, para imprimir a sua conta ou o seu último recibo.

Escreva vd1 ou vd2 etc. para reimprimir o recibo ou nota de preços de uma determinada venda a dinheiro.

Escreva o nome ou o código de um produto para imprimir a etiqueta desse produto com o respetivo código de barras.

Inventário

Para registar o inventário das existências em qualquer momento clique nessa imagem.

Trabalhando em equipa

Quando o programa foi aberto por outra pessoa, clique aqui para entrar e trabalhar em paralelo com o seu colega. Cada um terá o seu pin que será solicitado para cada operação.

Retoques e marca pessoal

Clique aqui para alterar a sua fotografia ou a sua password.

Se estiverem a trabalhar mais de uma essoa, clique na sua imagem para selecionar o seu utilizador, depois volte a clicar para fazer a operação desejada:

Abre ou fecha a barra de menus lateral que dá acesso a funções que não estão disponíveis aos garções e servem de apoio ao trabalho dos supervisores, gerentes e chefes de sala

Menus de atendimento rápido

Cria opções de menu para atender a venda de produtos de procura intensa com único clique.

Pode por exemplo criar opções para vender hambúrgueres, gelados, copos de fino etc.

Saída do programa

Formulário de uma venda a dinheiro

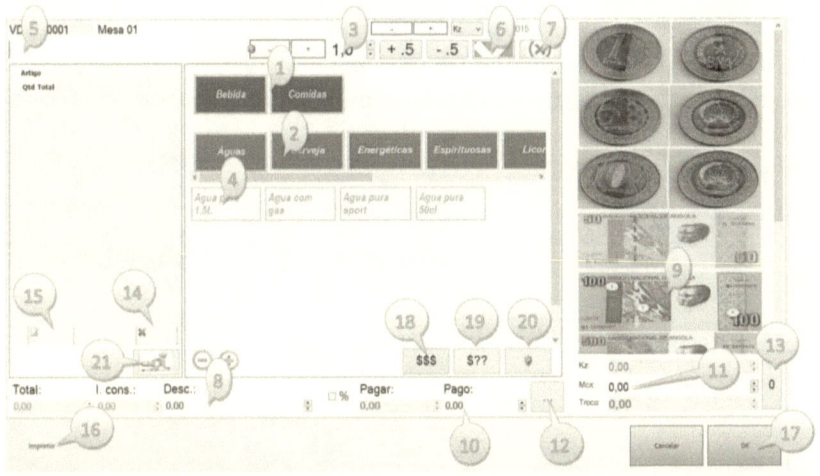

Lançar um pedido

1. Escolha a categoria do artigo.

2. Escolha a subcategoria

3. Indique a quantidade solicitada

4. Escolha o artigo. Clique quantas fezes forem necessários até atingir a quantidade solicitada, caso não a tenha indicado corretamente no passo 3

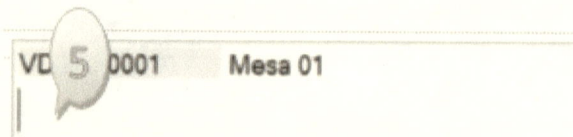

Em caso do artigo não se encontrar em nenhuma das subcategorias escreva o nome do artigo.

Clique aqui para lançar o artigo selecionado no passo anterior ou para aumentar a quantidade do ultimo artigo lançado em uma unidade.

Clique aqui se pretender começar a escrever um novo artigo ou corrigir a quantidade indicada no passo 3.

Quando terminar de laçar os pedidos pode clicar em

A venda em dinheiro será guardada em situação aberta para permitir que posteriormente sejam lançados pedidos adicionais.

Imprimir a conta

Clique em  e aguarde uns segundos.

Pagar em numerário

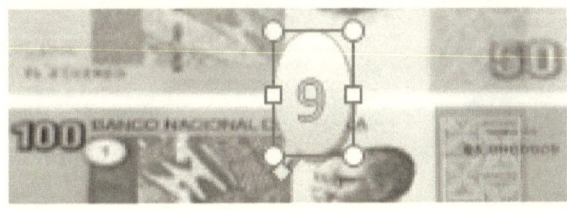

Cliques nas imagens das notas e moedas correspondentes as notas e moedas que tiver recebido do cliente.

Ou...

Clique aqui para abrir uma janela onde pode indicar o valor pago.

Pagar com multicaixa

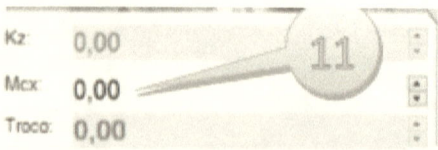

Outros tipos de pagamento

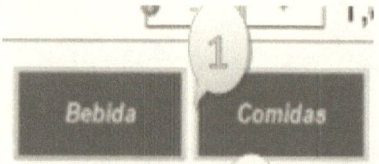

1. Escolha a categoria do artigo.

2. Escolha a subcategoria

3. Indique a quantidade solicitada

4. Escolha o artigo. Clique quantas fezes forem necessárias até atingir a quantidade solicitada, caso não a tenha indicado corretamente no passo 3

Em caso do artigo não se encontrar em nenhuma das subcategorias escreva o nome do artigo.

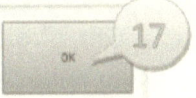

Clique aqui para lançar o artigo selecionado no passo anterior ou para aumentar a quantidade do ultimo artigo lançado em uma unidade.

Clique aqui se pretender começar a escrever um novo artigo ou corrigir a quantidade indicada no passo 3.

Quando terminar de laçar os pedidos pode clicar em

A venda em dinheiro será guardada em situação aberta para permitir que posteriormente sejam lançados pedidos adicionais.

Imprimir a conta

Clique em   e aguarde uns segundos.

Pagar em numerário

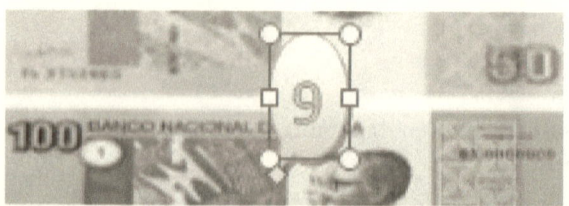

Cliques nas imagens das notas e moedas correspondentes as notas e moedas que tiver recebido do cliente.

Ou...

Pago:

Clique aqui para abrir uma janela onde pode indicar o valor pago.

Pagar com multicaixa

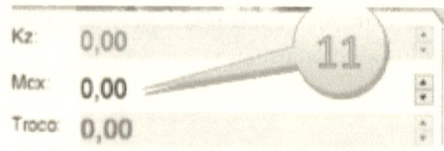

www.ingramcontent.com/pod-product-compliance
Lightning Source LLC
Chambersburg PA
CBHW021938170526
45157CB00005B/2337